AF248410

EXTRAIT

DES

OEUVRES IMPRIMÉES

DE

M. DE SAVOISY.

EXTRAIT

DES

ŒUVRES IMPRIMÉES

DE

M. DE SAVOISY,

CHEVALIER DE L'ORDRE ROYAL ET MILITAIRE DE
SAINT-LOUIS,

Membre de l'Athénée des Arts, Sciences et Lettres de
Paris,

SUR SON TRAITÉ DE LA THÉORIE POLITIQUE DES
FRANÇAIS.

Edition corrigée par son Auteur,
RÉIMPRIMÉE PAR LES SOINS D'UNE RÉUNION DE GENS DE
LETTRES.

IMPRIMERIE DE J. MORONVAL.

A PARIS,

CHEZ J. MORONVAL, IMPRIMEUR-LIBRAIRE,
rue des Prêtres S.-Severin, n°. 4; et quai des Augustins.

1815.

PRÉFACE

DES ÉDITEURS.

Notre attachement pour le Roi, conciliable avec les idées libérales développées dans la charte constitutionnelle donnée par Sa Majesté, nous rend éditeurs de ce petit ouvrage, fondé sur les principes primitifs de toutes les constitutions libérales proposées jusqu'ici, qui date du 15 mars 1789, avant toute assemblée de corps délibérans, sous le nom d'états-généraux ou assemblée constituante.

Notre but est de vous faire connaître celui qui en a si bien posé les bases, dans un temps où la moralité du plus grand nombre des Français était en grand contraste avec la précision de ce genre de conception, ou bien loin de la hauteur de sa morale politique et sociale.

Notre but est encore plus d'identifier les

principes développés dans ce petit ouvrage,
dans tous les esprits de ceux éloignés par des
circonstances dont les souvenirs sont si fâcheux aux hommes à qui on a voulu faire
entendre de force ce qui se démontre par soi-
même, par l'ouvrage que l'auteur veut bien se
prêter à réimprimer sous son ancien titre de
Théorie de l'égalité politique des Français.

Nous ne changerons point ce titre précieux,
qui n'aura plus rien de choquant, après la
charte constitutionnelle et libérale donnée par
Sa Majesté.

Que ce mot d'égalité mis quelquefois dans
cet ouvrage ne prévienne plus contre lui à
l'avenir son lecteur. Le corps de ce même
ouvrage est en quelque sorte un amendement
de cette bizarre pensée littéralement prise,
qui a donné ouverture à tant d'idées cho-
quantes.

Les pensées de notre auteur, comme on le
remarquera sans doute dans ce petit ouvrage,
sont peu communes à un gentilhomme qui, à
l'époque où il a été composé, se plaisait en

province ; à un militaire ayant passé une partie de sa jeunesse dans les garnisons ; à un colonel de l'ancien régime qui s'est contenté d'être maréchal-de-camp ; à un capitaine de cavalerie ou de dragons avant la révolution, qui aurait suivi laborieusement le chemin de ses grades pour arriver au point éminent de la milice, qui n'aurait pas cherché (malgré toutes les contrariétés qui étaient opposées jadis aux officiers subalternes dans ce cas) à s'ouvrir le cabinet des ministres, comme notre auteur a eu occasion de le faire ; ayant eu trois parens dans le ministère, auprès desquels il a éprouvé des contrariétés sans nombre. Son goût pour les hautes sciences, qui data de ces mêmes contrariétés, commença dès-lors à donner à notre auteur une espèce de travers parmi les sociétés frivoles et jalouses ; mais il le fit, infiniment rechercher à l'extérieur de ces mêmes sociétés par celles des intéressées à sa gloire, telles que la société libre des Sciences, lettres et Arts, puis de l'Athénée des Arts, dont il est actuellement membre.

Pour bien entendre cet ouvrage et l'esprit de sa première conception, de la date du 15 mars 1789, qu'il développe dans l'ouvrage dont nous offrons la réimpression, il faut avec de la bonne foi être plus qu'un homme ordinaire pour aller chercher la première arrière-pensée de notre auteur et ses motifs, pour en avoir suivi avec autant de constance les développemens à tous les périodes qui ont plus ou moins altéré les différentes formes de gouvernement qui ont été embrassées, pour se dévier du gouvernement paternel, de la race légitime qui, faute de s'entendre, était devenue si odieuse à une nation agitée en toutes sortes de sens, se contrariant sans raison ; couverte de honte par les apôtres de cette même conception qui a donné lieu à la charte constitutionnelle offerte par Sa Majesté, laquelle cause aujourd'hui tant d'admiration. Si son principe date des développemens de l'ouvrage dont nous offrons au public la réimpression, il date aussi du prince qui a fait le sacrifice de sa vie pour assurer le progrès de ces mêmes principes sacramentaux de la sûreté de l'ordre social et politique chez les Français.

Si notre auteur n'était pas aimé généralement des familles qui approchaient des ministres ses parens, il l'était infiniment de leurs personnes, qui, disant trop de bien de sa capacité prématurée, avaient excité de la jalousie qui était passée aux chefs des corps militaires, où servait notre même auteur, et s'était accrue, comme on le verra dans le développement qu'il en donne lui-même à la tête de l'ouvrage que nous réimprimons. On apprend aussi, dans ce préliminaire, comment prirent naissance chez lui les idées libérales qu'il professa auprès de Sa Majesté Louis XVI, et comme son plan acquit la priorité dans l'esprit de son ministre, sur tous les projets que ce même ministre recevait en sens contraire, et pour lequel il avait du penchant.

On peut consulter, à cet égard, madame la baronne de Staël, qui a toujours nié que son illustre père eût la primitive part à cette œuvre régénératrice qui a causé une si grande secousse et que toutefois notre auteur a eu la hardiesse d'aborder.

D'abord ce fut par attachement pour le Roi Louis XVI, dont il avait saisi l'occasion d'être connu, puis par les raisons d'une tenacité de caractère fondée sur la prévoyance certaine que ce genre de système devait prévaloir dans un certain laps de temps, qu'il calculait dès-lors à quatre lustres, qui pendant vingt ans devait sauver son pays des entreprises des injustes contradicteurs des ministres ses parens, dont on avait forcé le Roi Louis XVI à se défaire. L'un d'eux avait perdu la vie à son service, par l'effet du chagrin ou par une cause à laquelle on a donné, dans le temps, une teinte plus rembrunie.

Il croyait aussi avoir à venger M. Turgot, autre ministre d'état et contrôleur général des finances, dont il avait fréquenté la société, autant par enthonsiasme de jeune homme, que pour acquérir des connaissances qui le rendissent digne de ses parens les autres ministres, et le missent dans le cas de parler, de lui-même, sur des objets dont il les connaissait peut-être moins instruits que contradicteurs.

Il forma son esprit, d'après cette lutte, pour modifier le genre trop systématique de M. Turgot, en faisant toutefois son profit de mille connaissances économiques applicables à tous les âges dans le ministère de l'intérieur, et très-bon à entrer dans l'esprit d'une réforme, toutefois avec quelques précautions.

D'après toutes ces spéculations, que notre auteur abeaucoup accrues, et dont il a mis en désuétude les accessoires qui ont causé une multitude de traverses à la nation, il forma son système.

Si ce même système, pour n'être pas entendu ni admis (ne dépendant plus de lui), a donné au passé tant d'exercice aux esprits comme aux corps, il causera en définitif, à présent que ces mêmes esprits sont disposés par la Charte constitutionnelle que Sa Majesté a offerte à son peuple, le plus grand bien à la société, et le bon ordre administratif chez les Français.

L'exercice de ce même système, pendant plus de vingt-cinq ans, a grandi progressivement la moralité de l'ensemble de la nation et même des peuples voisins qui en ont pu discuter, parce que notre âge régénéré a amassé dans sa mémoire et placé dans sa judiciaire, tout ce que plusieurs siècles ont préparé pour l'instruction des plus grands rois et la solidité des idées des plus grands peuples.

FIN DE LA PRÉFACE.

DE LA

THÉORIE POLITIQUE

DES FRANÇAIS.

*Exposition de l'Ensemble des Œuvres
de l'Auteur.*

Le Roi Louis XVI goûta beaucoup mon plan méthodique, en date du 15 mars 1789, que lui présenta, de ma part, le baron de Champlot (1), sur l'essai de mes moyens, purement relatifs à Sa Majesté, celui de le mettre au-dessus d'une cour dont tous les ministres semblaient vouloir le dominer dans le sens contraire à ses idées libérales, tendantes à lui faire

---

(1) C'était un de ses premiers valets de chambre de quartier.

prendre le dessus des corps prépondérans de magistrature , le dessus des formalités de petits magistrats dans les provinces de la France , appelées des généralités , le dessus des corps administratifs tumultueux comme ceux de la Bretagne , vaniteux comme ceux d'autres provinces , ou des petites preuves , une obéissance passive à celui qui les présidait, et des fêtes pendant la séance de ces mêmes corps de provinces s'administrant elles-mêmes , demeura la principale besogne comme la démonstration de priviléges provinciaux ou personnels à certaine classe particulière.

Cet état de chose empêchait Sa Majesté d'étendre l'impôt par mesure égale et distributive à toutes les valeurs , à toutes les propriétés et à toutes sortes de personnes. La classe des cultivateurs du sol par eux-mêmes , celle de l'honorable bourgeoisie , celle des états faisant fleurir le commerce et le pourvoi de tous les besoins , étaient les seules qui ne fussent pas alors ménagées , et pour les impôts et pour la considération politique dans l'ordre de la représentation en assemblées légales pour ses droits nationaux.

Ces idées bien nouvelles alors pour le temps du 15 mars 1789, où l'assemblée constituante n'en avait pas même encore pris le nom ni les délibérations, parurent à Sa Majesté s'offrir dans un ordre si méthodique et si adroit, qu'il m'en fit ordonner la confection par forme d'ensemble pour être présentée à son premier ministre des finances, comme si elles ne lui étaient pas connues; mais en même temps ce bon Prince prit pour moi la sollicitude et la crainte que je ne me fisse, en me nommant moi-même l'auteur, les plus cruels ennemis. Il savait que j'en avais plus d'un de mes prématurés efforts, pour ce qui regardait mon avancement militaire, que ses vertus bienfaisantes à mon égard ne voulaient pas même les effaroucher, tant il avait de choses à ménager dans la crise délicate où il commençait à s'engager. Je me prêtai toutefois à cet esprit de bonté, en pensant que mon génie consolateur des peuples ferait peut-être le soulagement de mes ennemis, et je n'ai eu de peine, dans mon triomphe secret, que de ne pouvoir leur apprendre plus tôt la crise où ils s'étaient mis, afin que la redoutant dès-lors, et m'estimant davantage sur la nature de mes moyens, qui sont encore, pour une partie, peut-être demeurés inconnus, je pusse les embrasser comme amis, selon la disposition où je me trouve de le faire vis-à-vis de ceux qui ont survécu à la tourmente de mes productions fondamentales du bonheur très-prochain des peuples, et de domination raisonnable des rois dont leur esprit dissipé ou élevé en sens contraire, n'ont pu peut-être que trop tardivement embrasser les idées.

Cette contrariété à mon amour-propre dans ce temps, m'a fait tenir la conduite que l'on verra dans ces mémoires, et prendre soin du développement plus ou moins tardif de ma gloire, d'abord en faisant imprimer à mon compte le mémoire qui donna tant de succès à mon écrit dans les délibérations de l'assemblée constituante, que provoqua le premier ministre des finances qui s'était emparé préliminairement de tous les esprits; il demeura d'autant plus à son aise sur mon mémoire que je ne m'étais pas nommé, et qu'un exemplaire qui contenait tout mon système fut déposé dans les archives de l'assemblée constituante, par une main inconnue, sous le nom de *premier plan qui a donné lieu à la régénération de la France*. J'y déposai depuis mes écrits subséquens, pour pouvoir également les retrouver, ainsi que dans la bibliothèque publique, rue de Richelieu, et me faire honorer de la postérité.

Je pris vis-à-vis des autorités constituées, depuis celle des états-généraux, la forme d'un hommage auxdits corps constitués, afin de recevoir un titre de transmission de mes œuvres progressives dans leurs archives. Je me suis fait donner exactement des reçus par le garde des livres imprimés de la Bibliothèque du Roi, pour que mes connaissances prématurées ne fussent plus un problême.

CHAPITRE PREMIER.

Situation du premier Ministre des finances.

Le premier ministre des finances tenait déjà de ce goût pour certaines sociétés, qui ne se prend que dans l'école des arts, quelquefois à celle de Thalie ; aussi fréquentait-il la maison de celle qu'elle favorisa de ses dons : c'était celle de mademoiselle Clairon, première actrice retirée du Théâtre-Français qui ; femme de lettres autant qu'elle avait été première actrice, avait une excellente maison à l'époque du 15 mars 1789, rue de l'Université, où elle recevait la meilleure société des gens instruits parmi les étrangers, avec des Français d'une haute distinction.

Conformément au désir de Sa Majesté, je fis parvenir mon plan à son premier ministre des finances, par l'intermédiaire d'une dame de la cour, de mes amies, qui partageait mon

zèle pour le Roi et m'honorait de sa plus pré-
cieuse estime. Elle adressa mon manuscrit à
mademoiselle Clairon, en la prévenant que
des circonstances empêchaient qu'elle en
nommât l'auteur avant qu'elle n'eût vu Sa
Majesté, ce qu'elle se proposait de faire à
son retour d'un voyage à quelques eaux mi-
nérales qu'elle lui désigna. Il n'en fallut pas
davantage au ministre, à qui ses dires furent
transmis, pour qu'il redoutât le crédit de cette
dame, s'il n'en faisait son rapport au Monarque, à qui il fut présenté par son ministre,
du 15 au 25 mars.

A cette époque on n'était encore entré dans
aucune délibération à l'assemblée constituante;
grand nombre de ses députés n'y étaient pas
même arrivés, et beaucoup de provinces s'occupaient encore des assemblées primaires.

Mademoiselle Clairon se hâta de remettre
mon manuscrit, portant alors le titre d'*Etat
des choses*, à M. le baron de Staël, gendre
du premier ministre des finances, en lui ra-
contant la manière dont il lui était parvenu:
l'ambassadeur s'empressa de le remettre lui-
même au ministre son beau-père.

Il paraît que la manière dont l'ouvrage arriva le fit infiniment distinguer, et qu'il prévalut sur plusieurs mémoires que le premier ministre des finances reçut à cette occasion. Il me paraît toutefois être, à quelque chose près, le fondement de toutes les constitutions qui ont paru à chaque forme de gouvernement. La lecture de ce qu'on va lire, notamment dans les Chapitres V et VI, de cet ouvrage réimprimé, le démontre, et la Charte constitutionnelle donnée par Louis XVIII paraît être également le résultat des considérations de Sa Majesté sur les habitudes de l'exercice des idées de son peuple, contenues dans l'ouvrage que nous offrons au public dans cette réimpression, intitulée : *Théorie de l'égalité politique des Français*, déjà imprimée dès 1790 et 1792, comme commentaire de de mon ouvrage adressé à M. Necker, le 15 mars 1789, et de mon adresse au Roi, de la date du mois de février 1791, rapportée dans le corps de cet ouvrage, dont nous donnons aujourd'hui la réimpression.

C'était pour maintenir Sa Majesté dans cette disposition de mes principes bien expliqués, et m'y maintenir moi-même , qu'au mois de février 1791 , je fis présenter officiellement une adresse imprimée à l'assemblée constituante , sous le nom de *Lettre au Roi* , et distribuée particulièrement à douze membres de ladite assemblée , dont les opinions , en sens contraire , étaient les plus prononcées. Celle pour la totalité de l'assemblée fut remise à M. Fréteau , qui occupait le fauteuil des représentans couvoqués dans les provinces ; et pour mieux me renfermer dans les formes , je la fis transmettre à ce dernier par M. Erard de C....., député du bailliage , lieu de ma naissance , dans la province qui a pris le nom du département de la C.....

Outre cette formalité officielle , par l'effet d'une déférence qui fut agréable à Sa Majesté , je lui fis remettre particulièrement un autre exemplaire par son premier gentilhomme de la chambre , dont je reçus la réponse la plus honnête , en date du 10 frévrier 1791. Ce grand officier du service , qu'on appelait alors de la couronne , me marquait que , quittant son quartier pour être remplacé par un autre premier gentilhomme de la chambre (qui lui succéda en effet), ce serait lui qui remettrait mon adresse au Roi lui-même. J'ai déposé cette lettre entre les mains du gardien des livres imprimés de la Bibliothèque royale, en décembre 1803, pour l'attacher à l'exemplaire de cette même lettre au Roi, joignant mon ouvrage intitulé : *Premier plan qui a donné lieu à la régénération de la France ;* ledit garde des archives m'a donné le certificat dudit dépôt, en ajoutant que cette adresse avait donné lieu à faire accepter la constitution. Je renvoie à son texte, que l'on trouve dans cet ouvrage au Chapitre VI. On trouvera dans le cours des pages de cette même adresse, des petites lettres alphabétiques placées par forme de notes, qui reportent les principes qui m'ont fait composer mon ouvrage le 15 mars 1789, au chapitre qu'ils occupaient à cette époque.

CHAPITRE II.

Manière dont il faut s'instruire en matière politique.

Quoique je me trouvasse, dans la capitale comme en province, répandu nécessairement dans la meilleure société, je me suis occupé toute ma vie de prendre des lumières sur toutes les autres divisions du corps social. Cette étude est une véritable jouissance ; ce n'est que dans l'ensemble de toutes les classes qu'on peut y faire des progrès solides, y prendre des résultats profitables, connaître le cœur humain, les besoins de la société, les replis des passions individuelles ; en un mot, analyser presque tous les hommes.

Je me suis accoutumé de bonne heure, mais avec une simplicité noble, et tenant à la bienfaisance de mon cœur, à agrandir mon esprit, à nourrir ma sensibilité dans la classe ouvrière, dont je crois avoir saisi tous les rapports.

C'est là qu'on apprend à distinguer les nuances de la société avec laquelle cette même classe occupée se communique dans ses besoins, ou à raison de son industrie. Cette classe apportant avec un certain abandon l'état de ses affaires domestiques, qui a quelque chose de remarquable pour l'observateur, vous apporte en même temps les secrets du monde dans ses rameaux multipliés.

Elle se lie à cette partie nombreuse d'hommes et femmes qui sont en quelque sorte un peuple à part, compris dans l'état de domesticité; réunion des renseignemens les plus essentiels pour celui qui attache quelque prix à le connaître, et dont l'esprit se combine avec une adroite curiosité.

Rapproché du célèbre Buffon par des rapports de voisinage et de liaisons anciennes entre nos familles, à Paris et en province, j'ai examiné sa manière d'étudier les plantes, les animaux de toute espèce dans leur classe; elle m'a servi de modèle, dans mon étude, pour toutes les passions des hommes, même pour la conduite que doit tenir un négociateur, et surtout un régénérateur.

Je me suis dit : pourquoi, comme ce Pline nouveau, ne ferais-je pas de mon esprit et du dépôt de mes observations particulières, un répertoire continuellement en activité ? Je connaîtrais l'homme dans ses nuances morales, même son corps modifié par les différens emplois, les différentes professions dans lesquelles l'entraînent l'occasion, la nature et ses propres besoins.

Les chapitres contenus dans cette réunion de matières qui ont servi à composer mon plan, établissent les raisons qui m'ont déterminé sur la conception, et à le communiquer au premier ministre des finances (M. Necker), pour être offert à l'assemblée des états-généraux, le 25 mars 1789, avec plusieurs observations pour l'utilité publique.

Si j'ai rencontré des difficultés, des contrariétés, je ne m'en suis point rebuté, et je n'ai point montré le dégoût d'un peintre qui quitte ses pinceaux parce qu'il ne lui est pas venu d'homme en état d'apprécier ses ouvrages ; mais j'ai au contraire développé l'émulation de l'artiste animé de l'amour de ses semblables, qui travaille d'après le besoin de s'occuper de cette sublime matière dont il veut faire présent à ses concitoyens, leur transmettant une succession plus ou moins utile, sans s'embarrasser si ses héritiers ne la dissiperont pas, ou ne la recevront que par bénéfice d'inventaire.

J'ai recherché le plus que j'ai pu la société de ces illustres étrangers employés dans le corps diplomatique, ou voyageant en France par l'effet d'une noble curiosité.

Ces sociétés sont une véritable école de droit public en exercice, tant pour les mœurs, les usages, que pour le cérémonial des cours dont ils sont les ministres, ou à qui ils donnent de l'éclat par la grandeur des places, des rangs auxquels la Providence ou leurs vertus les ont élevés.

Je ne me suis point contenté de prendre, dans ces écoles vivantes, mes instructions pour la régénération de la patrie ; je les ai été rechercher, comme le célèbre naturaliste que j'ai cité, par rapport aux animaux, par rapport aux plantes, dans les tableaux antiques et fidèlement tracés des mœurs de nos pères, les Gaulois, les Francs, et sur-tout les Bourguignons, connus sous le nom d'*Allobroges*. Je me suis particulièrement écarté des Romains et des Grecs, comme devant être les plus incohérens à nos mœurs et à nos usages. J'ai trouvé toutes mes instructions, pour la fidélité des Chartes, près des hommes distingués des célèbres congrégations de Saint-Vanne, de Saint-Maur, et quelques renseignemens près d'autres historiographes dont les travaux ont trop occupé, depuis soixante ans, nos cercles particuliers, et quelquefois l'ordre politique : grand nombre des bases sur lesquelles ils ont composé leurs œuvres, peuvent être regardées comme factices, même souvent romanesques ; mais comme leurs travaux, pour trouver croyance dans les esprits, ont eu un besoin réel de la vraisemblance, on y retrouve la série la plus exacte des mœurs de nos prédécesseurs les plus éloignés, comme les plus rapprochés, leurs usages, les noms des gens qui se sont rendus les plus utiles à leur patrie, ou ont servi de parure aux cours, et de modèles à ces charmantes manières que nos frères, de retour des pays étrangers, n'ont heureusement point oublié de nous rapporter ; leurs noms sont encore pour les générations présentes et futures, ce que la connaissance exacte des bourgs et villages est pour les voyageurs dans leur route.

Je compte au nombre de mes remarques les plus satisfaisantes pour l'humanité, la composition de ces cercles regardés jadis comme intermédiaires entre les gens titrés et les hommes occupés par le gouvernement. Cette portion de la société se représente maintenant par ces personnes fort respectables par leur vertu, leurs principes, leur conduite, au nombre desquelles se trouvaient les nouvelles familles développées dans le grand monde depuis quelques générations, et celles actuelles connues sous le nom d'anciens et nouveaux magistrats, échappés aux scènes désastreuses de la révolution.

On ne peut établir un tableau de meilleures mœurs, que celui dont en offre sans cesse l'image cette portion de la société ; quoiqu'il s'y trouve encore quelques personnes accoutumées à se servir comme mesure unique, de cet ancien régulateur, souvent en contradiction avec ce qu'on va lire.

Ces calculs sont déplacés dans ce siècle

éclairé, sur-tout entre les aimables oisifs que
je viens de citer, ne se livrant point aux états
qui entraînent des négociations fiscales ou
insidieuses, qui peuvent laisser du méconten-
tement pour quelques lésions dans les traités ;
ils ne conviennent point également aux artisans
ou salariés. Si cette position ne met pas les
personnes ou les familles de ceux qui exercent
ces professions dans une dépendance de droit,
elle les met presque toujours dans une dépendance de fait, en les obligeant à de certaines
complaisances qui leur ôtent, dans ce sens, à
la vérité, pour l'avantage de leur subsistance,
une portion de leur liberté. Les dédains entre
les oisifs et cette même bonne compagnie, à
raison de supériorité prétendue, auraient pu
avoir quelque fondement pour ceux de nos
pères qui vivaient il y a deux ou trois cents
ans, parce qu'ils étaient, en quelque sorte,
plus rapprochés que nous de la tradition de ces
temps où il y avait eu parmi les Français
(quoiqu'en moindre proportion que chez les
autres nations), des esclaves ou des affranchis ;
mais les choses en sont venues au point, par
la perfection de la religion chrétienne intro-

duite dans les Gaules, qu'aucun historien ne s'est permis d'en donner la filiation.

On peut aussi, d'après ce, regarder comme une erreur l'assertion hasardée qu'ils ont été remplacés par ce que l'on appelait autrefois des serfs ou censitaires; cette dernière partie de nos concitoyens ne serait pas toute de cette espèce, et l'on ne pouvait y comprendre parmi eux les acquéreurs de fonds chargés de rentes pour concession de cette sorte d'effets. Les premiers, sous ces noms odieux, n'existent plus depuis près de deux cents ans, au moyen de ce que les ministres des Rois de France, pour l'intérêt des princes, le leur particulier, ou pour le bien de l'ordre général, les ont fait mettre en communes dans les villes et dans les villages, faire des transactions rédimatrices, qui abolissaient le nom inutile, pour les assimiler avec ceux chargés de certaines rentes pour concession du fonds qu'on remboursait rarement, à cause de la différence avantageuse qu'aurait apportée au concesseur l'effet du fonds concédé, à cause du taux actuel de nos contrats. Ces dernières n'étaient pas plus dégradantes que celles provenantes de nos pactes ordinaires , puisqu'on les voyait sans cesse payées par les plus grands seigneurs , comme par les particuliers, même par les princes, dont eux ou leurs devanciers avaient acquis une place , un champ à côté de leurs châteaux, de leurs étangs , de leurs fourneaux , de leurs forges , de leurs moulins , ou enfin de leurs autres propriétés , pour agrandir leurs domaines , ou donner à leurs parcs une plus grande étendue. Ces sortes d'explications sont importantes , pour faire éviter des méprises qui jusqu'ici ont tenu la nation, les sociétés privées , les corps législatifs, dans un état continuel de discorde , dont les grandes affaires ont été le prétexte; elles ont fait que chacun, de son côté , y a entraîné les classes les plus désintéressées en ces mêmes objets, comme celle des artisans, en leur faisant perdre , aux uns, la douceur de leurs mœurs, aux autres, des attachemens personnels , et pour tous, un temps précieux à l'industrie générale et à leur subsistance particulière.

Il faut étudier nos mœurs ; savoir que, depuis la cessation des grandes guerres civiles ou de religion , l'art de la guerre , consacré à

l'utilité personnelle des seuls grands souverains,
n'a plus laissé d'exercice à ces héros éphémères,
en révolte contre le chef de l'état. Ceux-ci ont
acquis peut-être plus de mérite, par l'effet de
nos héroïdes, et reçu plus de culte de nos écri-
vains enthousiastes, de la part de leurs contemporains, qu'il ne leur en a été depuis rendu.
N'exaltons donc plus nos idées, ne nous réglons
pas sur des enthousiasmes, sur des histoires
plus ou moins incertaines; mais traitons avec
équité le passé, le présent et l'avenir; rendons
hommage, sans tirer à conséquence pour la
solidité de nos principes, à la bonne intention
qui a fait souvent chercher, pour les générations futures, des exemples propres à encoura-
ger les hommes à la vertu. N'oublions pas que
le régime féodal, jadis si utile dans son établissement contre les invasions des peuples étrangers au pays, depuis regardé comme vicié dans
son exercice, a conservé long-temps aux princes leur empire dans leur dynastie; mais les
héros employés dans ce genre de service ont
peut-être trop souvent attaché des motifs de
gloire, soit à des complaisances coupables
contre leurs concitoyens, soit à la défense de

quelques causes plus ou moins séparées de l'ensemble de l'état et de la tranquilité de ce même empire. Telles ont été les raisons d'élévation et de grandeur, d'après lesquelles les princes ont pu quelquefois accorder plus d'une récompense ; mais aussi ils ont honoré la vertu en plus d'une rencontre, et c'est d'après leur discernement à cet égard, qu'il faut leur rendre hommage. On peut compter au nombre des bienfaits de la Providence, et des progrès de la civilisation de leur âge, les délibérations qui les ont déterminés à introduire, dans le haut militaire, dans l'administration publique, dans la judicature, le plus grand nombre de personnes capables, par leur fortune et leur crédit dans la société, d'exercer, pour l'utilité générale, les grandes et petites magistratures, si dédaignées dans les temps où la violence, l'immoralité, et après, la vanité avaient, pour ainsi dire, force de loi et de préjugé. C'est d'après ce premier pas du gouvernement français éclairé, que se sont déterminés quelques conseils nationaux, plus encore quelques assemblées préliminaires qui ont précédé les plus anciens états tenus à Paris, ceux des ducs de

Bourgogne , quoiqu'ils parussent alors séparés du gouvernement français , les assemblées préliminaires aux états d'Orléans , aux états de Blois, celles qui ont donné lieu aux ordonnances de Moulins , enfin les recommandations secrètes ou testamentaires du cardinal de Richelieu , qui ont été si recommandables à Louis XIV lui-même, dans les années qui ont illustré son règne.

Dans un empire régénéré tous les citoyens, selon leur mérite , doivent être admis aux distinctions qui en sont la suite , pour ne pas mettre en suspens des facultés qui, servant à leur gloire , font en même temps la prospérité de l'état ; pareillement aucun citoyen, sous quelque prétexte que ce soit , quelque médiocre que soit sa propriété , ou son existence politique , ne peut être privé de sa représentation administrative dans les affaires publiques; une contrariété dans l'exercice de ce contrat social est un attentat réel au pouvoir de tous, comme à la propriété individuelle, fait pour ôter tout le courage et tout l'intérêt quelconque à la cause générale. La représentation dans les affaires publiques, est un droit inhérent à tous les citoyens, au laboureur, à l'homme vivant sans avoir besoin de se procurer sa subsistance par aucune espèce d'industrie, au soldat, au négociant, à l'artisan, au prêtre et magistrat, dans quelque division de la société qu'il se trouve : ce droit ne peut souffrir d'interprétation ni de modification. Il est un droit commun qui porte un caractère tout-à-fait distinctif des préférences données pour des emplois dans le civil ou le militaire, à des hommes plus ou moins propres pour les exercer par le chef commun, auquel est confiée la gestion des intérêts de la patrie ; mais nul autre que le citoyen représenté en assemblée nationale ne peut être le représentant individuel de ce droit qui appartient à la génération future ; tel est le contrat sur lequel repose cette propriété, qui ne peut être enfreint sans opérer la subversion de toute espèce de gouvernement. Je ne citerai pas mon discours, qui se trouve à la tête de mon ouvrage, intitulé *Premier plan qui a donné lieu à la régénération de la France*, déposé à la Bibliothèque nationale, rue de la Loi ; c'est un tableau des mœurs et des vices du temps de 1775, et sur lequel l'esprit public a fait un retour qui tient du prodige. Je l'ai composé sous le ministère du feu comte de Vergennes, ministre des affaires étrangères, qui m'honorait de ses bontés, sur le témoignage du feu maréchal comte Devaux. Ce ministre continua à avoir de moi une opinion favorable ; il m'avait fait indiquer par M. Gérard, premier commis de son département, les livres élémentaires capables de m'initier au droit public de France et d'Allemagne ; il m'avait aussi fait remettre une ancienne correspondance de la France avec la Suède, et m'a indiqué, lui-même, la manière de lire les papiers publics, notamment les nouvelles étrangères. M. le maréchal Devaux remit à l'assemblée des notables, mon discours sur l'État de la France, parce qu'il le jugea capable de fournir quelques idées salutaires. J'ignore si M. de Calonne eut connaissance de cet écrit ; mais ce qu'il y a de certain, c'est qu'il le reproduisit dans son discours à cette assemblée, à la différence près qu'il substitua à mon ordre chronologique des temps, une chronologie des rois de France, sans en excepter aucun.

Je laisse aux anciennes et nouvelles histoires

à tromper ou à éclairer les peuples sur cette partie de ses droits; il semble que les écrivaius les plus laborieux que j'ai cités , aient presque tous affecté de les méconnaître, en remplissant leurs ouvrages, in-folio, de décrets des conciles qui ne servent de rien au corps social , et en nous rapportant les lois antiques de peuples que nous ne pouvons imiter, puisque même les lois qui convenaient à nos pères, ne conviennent plus à notre nouvelle géographie et sur-tout à nos personnes plus instruites ; je les laisse s'attacher à des tombeaux, à des petits monumens des siècles les plus reculés , à des absurdités dont ils veulent nous faire tirer des conclusions essentielles; je les laisse faire des descriptions de palais de princes dans lesquels quelques particuliers aisés se trouveraient à l'étroit, appuyer l'origine de quelques unes de nos institutions, comme celle de quelques familles, dans des obscurités ténébreuses. J'ai fait, je l'avoue, de quelques-uns de leurs travaux, une pénible étude, et je ne puis disconvenir qu'elle n'eût eu pour moi quelque charme, à cause des réflexions profondes qu'ils m'ont présentées sur l'homme, objet continuel de ma méditation, et à cause de l'originalité des tableaux rares des différens âges de sa civilisation. Je n'irai pas chercher les miens, dans le chapitre qu'on va lire, au-delà de la naissance de la religion nommée (en Allemagne) *évangélique*, et de la découverte du Nouveau Monde, qui a réellement changé la face de celui-ci, et de ce qu'étaient en position de faire les Etats-généraux de 1614.

CHAPITRE III.

Les États-généraux de 1614 étaient en position de jeter les fondemens d'une législation qui devait commencer à cette époque.

LA nation française sortait des guerres civiles, le service militaire ne se faisait plus depuis quelque temps, d'après les devoirs imposés aux possesseurs des grands comme des petits fiefs, qui étaient obligés, dans la défense du pays, de fournir par division de leurs grandes ou petites propriétés, un contingent de plus ou moins grand nombre de vassaux, de manière à lier, au possesseur personnel du plus petit fief, cinq ou six hommes, dont l'un était à cheval ainsi que le maître et deux de ses valets, avec deux ou trois hommes à pied, armés de pieux, qu'on appelait, par cette raison, pionniers : ces derniers ont été remplacés par les régimens d'infanterie qui en font le service.

Le régiment des Gardes-Françaises était déjà sur pied, et les bandes noires, dont les unes prirent le nom de régimens de Piémont et de Normandie, et les autres, ceux de Picardie, de Navarre et de Champagne, s'organisaient avec une activité surprenante. Le goût militaire avait gagné les familles des hommes de ce siècle les plus éclairés dans les sciences et les arts ; les savans faisaient abus de celles rapportées d'Italie par François Ier., pour nourrir les contestations religieuses et allumer la guerre civile.

Les enfans des possesseurs des anciens fiefs abandonnaient leurs foyers pour partager les emplois subalternes de ces nouveaux corps, avec ceux des magistrats qui conservaient encore la possession de ceux de leur famille; réunie à l'autorité que les princes leur avaient confiée dans les cités.

Ces mêmes princes introduisirent aussi les enfans non nobles de quelques hommes publics ruinés par les guerres civiles pour leur intétêt ; beaucoup de ceux-là n'en furent pas moins avancés dans les grades militaires qu'ils s'empressèrent de mériter , à tel point qu'ils obtinrent la préférence sur les hommes d'armes habitant encore de vieux manoirs flanqués de tourelles plus ou moins ruinées , et de petits donjons à demi-démantelés ; ces derniers étaient devenus si pauvres , qu'à cette époque leur concurrence fut encore plus faible pour leurs enfans que pour ceux des magistrats des villes où il fut établi des cours souveraines , ou des places de judicature subalternes , pour lesquelles on fut obligé de joindre à l'intelligence pour les exercer , la richesse pour les acquérir.

Il y avait déjà quelque temps que la composition du service militaire était changée ; les fiefs n'y fournissaient plus , et on pouvait les regarder comme de simples métairies.

Les nouveaux soldats qui composaient les

régimens dont il a été parlé, ne furent plus des gentilshommes, mais des gens de la campagne et des artisans des villes, qui furent reçus à s'enrôler pour une modique somme pendant un temps limité ; et il fut établi, pour leur subsistance et entretien, une somme modique, à la vérité, mais perpétuellement affectée à l'ensemble de l'armée toujours tenue en activité pour le compte du souverain.

C'est alors qu'il fallait que les Etats-généraux de 1614 plaçassent sur ces fiefs comme sur les seigneuries qui n'étaient que des fiefs à plus grandes propriétés territoriales, l'impôt proportionnel et foncier : les uns et les autres ne rendant plus de service à la guerre , ne devaient plus jouir de l'exemption d'impôt que compensait l'obligation ancienne, dont les frais retombaient entièrement sur la totalité et s'acquittaient par les soins du gouvernement.

Quelques gentilshommes servaient encore , à la vérité, dans ce qu'on appelait les grandes compagnies ; mais ils n'y étaient plus obligés ; les capitaines, à-peu-près dans le genre de ce que sont devenus depuis dans nos dernières guerres, *les partisans*, les entretenaient à leur compte, les faisaient vivre de pillage, les emmenaient à des expéditions lointaines, ou à des entreprises, tantôt pour le monarque, tantôt contre sa personne et sa religion.

Quand ces compagnies furent réformées, ce qui ne tarda pas, ils ne surent que devenir; le manoir se dégradant au point qu'ils ne pouvaient y vivre, ni le partager utilement, grand nombre de ces petits fiefs furent vendus à bon compte et réunis par les seigneurs de paroisse ou par quelques habitans à qui ces mêmes seigneurs en donnèrent la facilité; alors les anciens possesseurs se dispersèrent, quelques-uns de leurs enfans végétèrent dans les débris de la propriété qu'ils en conservèrent, et les autres allèrent chercher fortune dans les contrées plus éloignées, où ils avaient eu des habitudes pendant leur ancien service.

En changeant de lieux, ils changèrent aussi d'affaires; on en vit plusieurs, par des mariages disparates, se livrer à une industrie qui rétablit dans la suite leurs maisons avec plus d'éclat; mais les autres se dégradèrent par ces sortes de mariages, au point qu'oubliant leurs familles, ils en furent aussi oubliés, ou, si on les retrouva, ce fut par l'effet du hazard ; c'est ce qui fait que dans ce dernier siècle, où l'on s'occupait à outrance de généalogie, les meilleures maisons ont retrouvé ou feint de retrouver leurs noms et leurs rameaux, jadis les plus illustrés dans les classes où l'on est tout étonné de les rencontrer ; les guerres civiles, la religion protestante en ont beaucoup transporté dans le commerce, même dans l'exercice des métiers ; il s'en trouve assez communément dans les générations d'un grand nombre de magistrats des anciennes cours souveraines, à qui la préférence qu'ils ont donnée à l'exercice continuel de leur profession, a fait oublier la série des générations de leur race appartenant à l'ancienne chevalerie ; il en est de même pour quelques hommes de la loi, état qui a toujours présenté à la société le tableau des anciens Français libres.

Le style noble, hardi, mais lié à la décence de plusieurs d'entr'eux, rapporterait en quelque sorte l'esprit au souvenir de ces hommes d'armes, aussi loyaux que braves, qui combattaient si glorieusement aux batailles de Bouvines, et soutinrent avec autant de courage les funestes revers de celles de Crécy, d'Azincourt et de Poitiers.

Dans cette confusion et cette multitude de droits communs à tant de personnes qu'un travail soigné a offertes à mes profondes recherches, je n'ai pas cherché à provoquer le patriotisme de mes concitoyens, par l'image incertaine et trompeuse de leurs actions guerrières au temps des tournois, et de leurs actions héroïques sous ce rapport ; mais en leur représentant, lorsqu'il en était encore temps, le seul état qu'ils pouvaient occuper dans la société, celui de propriétaires considérés, sans aucune préférence, quant à la partie représentative et administrative, que celle réglée par la mesure naturelle de la propriété foncière ; j'ai cherché dans ce chapitre à engager ceux qui croyaient avoir des prérogatives pour s'en écarter, à aller au-devant des réclamations d'une sorte de propriétaires qui n'avaient pas besoin, dans l'état où les choses en étaient venues, du titre dont ils se prévalaient pour partager les droits administratifs dont ils paraissaient jouir dans certaines provinces par privilége.

Il suffisait que ceux mis en souffrance sous ce rapport, fussent propriétaires fonciers et admis aux mêmes exceptions, pour être capables d'être appelés aux mêmes délibérations ; le compas généalogique ne pouvait établir de différence sous ces mêmes rapports administratifs, entre les familles citées dans les tournois à un certain ordre de date plus ou moins éloignée, et celle magistrale par de plus anciennes ou de plus modernes prérogatives (toutefois propriétaires fonciers), puisqu'ils partageaient une égale consistance dans l'ordre de la propriété ou une même manière de voir dans la société.

Si on se fût mieux entendu, et qu'on eût bien traité ce point délicat, qui regardait alors l'un des premiers ordres de l'état ; qu'on l'eût, dis-je, traité d'accord avec tous les propriétaires fonciers partageant les mêmes prérogatives, ce même premier ordre n'eût pas éprouvé la perte de quelques objets qui intéressaient si peu l'ordre social, qu'il croyait devoir lui demeurer dans cette tourmente générale.

Nul de ceux qui ont cru, depuis, devoir s'en mettre en possession avec autant d'ardeur, ne pensait jadis avoir besoin de cet agent pour se donner une consistance utile ; plusieurs d'entr'eux le regardaient même comme nuisible à la classe occupée de pourvoir à leurs besoins ; le négociant, pour ses opérations commerciales ; le manufacturier, pour l'exécution de ses commandites ; l'artisan, pour son travail journalier ; le métayer, pour partager utilement les produits avec son propriétaire. Aucun d'eux, à la vérité, n'avait pu encore faire le calcul des spéculations heureuses que leur a procurées la commotion générale qui leur a rendu propre, et à bon compte, la vente des biens nationaux, et les a introduits dans l'ordre des propriétaires.

Dans la position même où se trouvait l'homme de loi, dont le cabinet était la seule ressource en concurrence avec son peu de richesse foncière, les fonctions administratives ne lui paraissaient pas moins à charge qu'au négociant, qu'à l'artisan, qu'au cultivateur par ses propres mains, attendu qu'elles partageaient d'une manière nuisible les moyens de se procurer son existence. Je pense que si les uns et les autres ont fait des réclamations aussi marquées, ce n'a été que parce qu'ils ont été fondés de pouvoirs par la partie la plus délicate ou la plus susceptible de la société, qui a craint, en s'en chargeant elle-même, de compromettre ses dires au point qu'ils pussent lui devenir préjudiciables, ou être une cause de voir immoler sa patrie, et mettre en contradiction ses intérêts personnels. Il n'est aucun peuple qui ne puisse envier la prospérité qui semble se répandre sur ce systême national, qui ne se présente pas dans le même ordre en Allemagne, ainsi que dans les Etats du Nord, mais bien en Angleterre, qui néanmoins conserve ses gentlemens, ses eseuers, ses chevaliers, qui ne sont que des propriétaires passifs à tant de mille livres sterlings de rente; ils sont les consommateurs de cette immense industrie qui a donné jusqu'ici au gouvernement anglais la préférence sur tous les autres, et cette activité incomparable de tous les habitans de la Grande-Bretagne, et notamment de la ville de Londres.

CHAPITRE IV.

Comparaison tout-à-fait applicable aux cons-
titutions de St.-Louis, viciées depuis la fin
de son siècle jusqu'au quinzième.

Avant le XVe. siècle, et à-peu-près à la
moitié ou à la fin du même siècle, où les armées n'étaient pas encore à la disposition an-
nuelle du souverain, et dans les temps que les
propriétaires s'y rendaient pour quelques mois
avec leur contingent, il n'assistait aux délibérations administratives que des libres; quant
aux cultivateurs de ce même temps, qui n'é-
taient que journaliers, que rétenteurs de fonds
ou domestiques à gages, ils ne pouvaient sortir
que d'une liberté imparfaite.

Tous les propriétaires fonciers qui n'étaient
pas dans ce cas, et surtout les descendans des
hommes en place, ayant possédé des charges,
des magistratures, avaient plus qu'un caractère
de liberté, puisqu'ils avaient des prérogatives

spéciales et transmissibles, qui les mettraient
en parité avec tout ce que les hommes les plus
distingués parmi la commensalité de la cour,
ou les grandes autorités dans les armées, pouvait offrir de plus parfait dans l'ordre des libres
ou des propriétaires fonciers.

Plusieurs, possédant des fiefs, les avaient acquis noblement, et étaient reconnus sur ce
pied dans la société. Je pensais que si cet objet
n'était pas pris dans la plus juste et dans la plus
haute considération, il se ferait un mouvement
général pour rendre à tous les citoyens devenus libres par le rachat, de gré à gré, des con-
cessions de fonds, soit par leur acquisition dans
la mesure convenable, même par les possesseurs des plus petites propriétés, la liberté qui
appartient à tous les propriétaires fonciers qui
ne sont pas dans la dépendance domestique.
Ce grand point de vue m'a conduit de suite aux
principes qu'on trouve dans ma conclusion,
qui étaient alors bien nouveaux pour le temps,
de demander un registre unique d'impôt,
sans distinction de nom, où chacun, fût-il noble ou non, fût inscrit à la suite les uns des
autres, comme à son baptême.

Il était bien intéressant de faire cesser, chez les uns et chez les autres, les combats livrés à l'amour-propre ou à la sensibilité des meilleurs propriétaires, qui allaient cacher leur nullité dans la capitale de la France, notamment dans l'inoccupation, et quelquefois dans les compagnies obscures et dangereuses des grandes cités ; d'autres y liaient leurs travaux, comme ceux usuraires, à des places de finances ; d'autres cherchaient à entrer dans la commensalité de la cour ; d'autres enfin, pour se donner plus de consistance, allaient dissiper leur fortune parmi les étrangers, chez lesquels ils emportaient les alimens de leurs domaines, qu'ils auraient doublés par leur présence, comme ils auraient bonifié le pays par la représentation et les besoins sans cesse renaissans de la richesse.

La classe des cultivateurs n'étant point appelée personnellement à la délibération administrative, tombait dans une telle dégradation, que sa moralité né se formait nullement à l'avantage de la patrie, ni à celui de la société, et que ceux en qui des ressources intellectuelles venaient à se développer, allaient chercher aussi dans la capitale des moyens de paraître avec plus d'honneur, et privaient leur pays d'un homme utile ; d'autres enfin abandonnaient leurs foyers, se retiraient dans les petites villes voisines de leur village, se livraient à la ministérialité, et il était bien rare qu'il y en eût quelques-uns plus distingués par l'art oratoire du barreau, que par le talent si dangereux pour la société dans les contestations particulières.

J'ai néanmoins des exemples à donner, qu'il existe dans ces mêmes cités du second et du troisième ordre, quelques hommes rares et capables de plusieurs genres de magistratures, où il faut un grand développement de moyens et une grande profondeur d'étude pour aspirer aux places de la première consistance dans l'ordre public, que se sont réservés de conférer nos anciens souverains, qui se sont rarement trompés dans la nomination aux fonctions propres à maintenir le bon ordre entre tous les citoyens, ou dans les distinctions nationales.

Quoique je destinasse ce plan pour le premier ministre des finances, je sentis qu'il ne réussirait pas, si je ne touchais sensiblement le gouvernement d'alors, et le Roi lui-même, dans sa lecture comme dans son exécution. Je croyais, je l'avoue, voir pour moi un moment de crise, où, par la brillante initiative que j'y aurais donnée, il m'en serait résulté la plus grande gloire, et par-dessus tout, la confiance générale de mes concitoyens, même celle du Roi; d'autant mieux qu'il paraissait se prêter de la manière la plus franche aux grandes vues de son premier ministre, qui voulait s'affranchir de toutes les dépendances impérieuses, notamment de celle de certains tribunaux de magistrature qui, titrés de cours souveraines, loin de marcher avec le Monarque, s'en séparaient sans cesse pour se faire valoir aux yeux du peuple, ou se faire rechercher du Roi, d'après ces astucieuses contradictions.

CHAPITRE V.

Analyse présentée, par forme d'adresse, au roi Louis XVI, le 10 février 1791, de mon premier plan (qui a donné lieu à la régénération de la France), qui se trouve convenable à l'état actuel des choses du retour de Sa Majesté Louis XVIII au milieu de ses sujets, et semble avoir été le principe de toutes les constitutions, et être entré dans les considérations de Sa Majesté Louis-le-Désiré, pour la confection de la Charte constitutionnelle, dont il a gratifié son peuple à son premier retour sur le trône de ses ancêtres.

SIRE,

Dans mon premier ouvrage, j'osai faire un essai sur la régénération de la France ; dans celui-ci, dont cette lettre tient lieu, j'offre à tous les Souverains, à leurs peuples, le tableau des principes d'après le besoin de cet empire dont vous faites la gloire et le bonheur.

Je n'ai point varié dans les moyens renfermés dans mon premier essai ; il fallait des formes qui ne fissent pas rejeter mon mémoire sans le lire. Vous aviez des états-généraux assemblés par ordre , je n'ai conservé que cette forme d'assemblée ; mais toutes les raisons développées dans mon premier volume , allaient droit au but du projet de mon second. L'égalité de paiement , l'inscription comme à son baptême , la représentation légale et égale de chacun en matière d'affaire publique , forme seule constitutionnelle du pouvoir constituant (1), raison réelle du pouvoir constitué, seule barrière contre les réclamations de l'incertitude , en même temps que son principe présente , dans son ensemble , la satisfaction

––––––––––––––––––––

(1) Voyez la page 80 de mon ouvrage, du 15 mars 1789, qui repose à la Bibliothèque du Roi, rue de Richelieu, et aux Archives du corps législatif, sous le nom de *Premier plan qui a donné lieu à la régénération de la France, ou état de choses*, le 15 mars 1789.

générale et la conciliation de tous les pouvoirs ; il forme l'écueil le plus redoutable pour celui qui veut s'en dévier, contre lequel viennent se briser tous les efforts de l'opinion contre celui opposé à votre souveraine puissance dans son ensemble comme dans ses détails ; il est la barrière de tous les bons sujets attachés à leur Prince, à sa race, à sa puissance paternelle et à la faculté de tous ses moyens, pour ne lui en excepter aucun.

Dans mon premier essai, Sire, je tâchais de présenter mes moyens de manière que ceux que l'égoïsme en aurait pu éloigner dans votre conseil, au mois de mars 1789, y fussent ramenés par des objets de satisfaction apparens, tandis que les génies les plus pénétrans, qui désiraient sincèrement une réforme, y trouvaient tout ce qui pouvait être capable d'être livrés aux représentans d'une nation appelée à se régénérer.

Les moyens pour arriver au but désiré, et poser les premières bases de la félicité publique, sont les propositions que j'ai présentées dans une forme simple et discutoire du changement d'administration dans les provinces appelées *Pays d'Etat*, et dans celles régies par des assemblées provinciales, en des corps uniformément administratifs (1), dont les pouvoirs seraient émanés de chaque individu, par une élection libre des membres destinés à composer une administration divisée en conseil et assemblée générale, par représentation tous les trois ans.

La démarcation des départemens, réduits à peu d'étendue (cette invention, vrai chef-d'œuvre du génie, aussi propre à faciliter la prompte et exacte perception de l'impôt général, qu'à établir le bon ordre administratif et judiciaire), avait échappé à mes réflexions comme trop au-dessus de mes premières spéculations.

Une discussion amenée au bien de la chose, sur les droits de la science en ma-

---

(1) Voyez dans mon ouvrage, intitulé : *Premier plan qui a donné lieu à la régénération de la France*, au 15 mars 1789, dans la première et deuxième parties. Cet ouvrage imprimé se trouve, sous ce titre, aux Archives du corps législatif et à la Bibliothèque publique du Roi, rue de Richelieu, sous la conservation de M. Wanpraëdt, conservateur des livres imprimés.

tière publique, avait en quelque sorte rappelé à mon esprit la science antique du droit des hommes, de la répartition de l'impôt proportionnel à toutes les propriétés, de la représentation légale et égale dans les affaires publiques tombées en désuétude pour la majeure partie des propriétaires et le plus grand nombre des citoyens, et je les ai, par mes traités, replacés au rang où il était de leur dignité de rentrer.

Toutes ces discussions et les conclusions prises dans mon ouvrage, ont conduit à cette proposition du registre unique légal et égal d'impôt connu ci-devant sous le nom de priviléges, de distinction d'espèce, de rang, d'emploi et d'état de personnes dans la société politique.

Les égards de justice dus aux propriétés de toute espèce, leurs droits imprescriptibles, doivent prévaloir sur toutes les subtilités d'une logique captieuse, et sur les rêves d'une imagination vague et partiale au milieu d'un peuple policé.

Les choses qu'on pourrait appeler de la fumée, c'est-à-dire, qui n'ont qu'une valeur d'imagination, qui ne peuvent se palper ni se saisir, comme se remplace une propriété utile, qui ne peuvent avoir dans l'ordre politique ou civil aucun produit, qui ne tiennent ni au commerce de la vie, ni à la subsistance des hommes, mais au contraire donnent des entraves à leur prospérité, n'ont pu, Sire, avoir de consistance que dans une idée viciée, dont on ne trouve le principe primitif nulle part que dans des raisons particulières de quelques peuples, dans quelques causes personnelles plus obscures que politiques, adoptées par ces mêmes peuples, qui ont été imités par d'autres sans réflexion, à raison de la célébrité qu'ils ont eue sous d'autres rapports.

Il était réservé à un siècle éclairé, au Roi le plus digne de régner par la justice de ses principes en morale, d'y consacrer sa race, et à cette composition d'hommes célèbres, d'écarter toutes les idées vagues sur ce point, de réduire aux seules propriétés utiles les véritables jouissances, comme un moyen d'acquitter la bonne foi, de débarrasser l'ordre politique de tant d'entraves, de fixer enfin la justice de l'impôt, la saine distribution de la justice, la tranquillité publique, et la sûreté de l'ordre social chez les Français, troublé par l'influence trop majeure dans l'ordre politique des distinctions des rangs et de l'état des personnes (1).

M. l'abbé de Mably avait bien traité quelques-uns de ces articles dans ses Réflexions sur les Romains ; mais son ouvrage, d'ailleurs très-intéressant pour tout le monde, ne pouvait recevoir une application décidée : n'ayant pas une application locale, il a été écarté jusqu'ici.

Cet ouvrage offrait de la morale ; il fallait des exemples propres à l'appliquer au tableau du moment ; il fallait montrer aux législateurs sérieux ce tableau, et aux hommes frivoles un amusement qui les rappelât à la vanité, à la futilité, à ces jouissances si intéressantes pour eux, et à désirer d'avoir tout entier pour eux dans le corps social ; ce qui appartient en matière administrative à tous les

____

(1) Cette décomplication d'état était nécessaire pour faire habiter les campagnes. Voyez mon ouvrage sur la considération due aux propriétaires fonciers.

hommes, et qui devait s'appliquer bientôt à la dignité de chacun dans la représentation des affaires publiques, et à la sûreté de toutes les propriétés dans la répartition juste et également pesée de l'impôt. Le décret en date du 14 octobre, sur la contribution foncière, et sa discussion, sont fondés précisément sur mon chapitre V de la première partie de mon ouvrage intitulé : *Premier plan qui a donné lieu à la régénération de la France,* en date du 15 mars 1789.

CHAPITRE VI.

Seconde partie de l'analyse, à Sa Majesté le Roi Louis XVI, de mon ouvrage intitulé : Premier Plan qui a donné lieu à la régénération de la France.

SIRE,

A présent il convient de rappeler quelques principes au Peuple Français sur les proprié-

tés utiles, appuyés sur les droits de la paix
et de la guerre, remis par lui entre ses mains,
et d'entrer dans la discussion de plusieurs devoirs sociaux pour assurer l'inviolabilité d'une
constitution qui mériterait quelque confiance,
pour dire alors : « La constitution est un véritable contrat moral, une vraie religion qui
consiste à ne pas faire à autrui, et à ne pas
laisser faire tout ce qu'on ne voudrait pas
qui nous fût fait, et à faire, par la justice
des lois, tout ce que l'homme vivant sous
celle d'un Empire policé, peut se permettre
en société pour accorder les principes
d'une véritable liberté avec ceux qui reportent l'homme dans les plus beaux droits de
la nature, pour le bien de tous. Ces propor-
tions n'étendent nos droits personnels qu'aussi
loin que la noblesse de son existence peut le
permettre à chaque individu pour le maintien
des lois et la suffisance des besoins de cet
Empire. »

Il convenait, Sire, par rapport à vous, de
rassurer la Nation sur les craintes que vous
ne variez dans le désir d'une réforme qui

était aussi nécessaire à tous vos sujets qu'à votre illustre personne.

L'ancienne administration, défectueuse et mal entendue, si fatigante pour l'orgueil de celui qui n'a pas de couronne, ou croit n'avoir que pour fort peu de temps à en soutenir l'éclat, ou à en partager les soins, avait préparé, par ses principes, à travers les écueils de la politique, des dangers inévitables aux Souverains héréditaires de ce beau Royaume. Cette administration avait forcé nos Rois à soupirer aussi politiquement qu'en réalité personnelle sur le malheur attaché à votre autorité, à laquelle la réunion morale de ce qui avait paru constituer l'Empire français n'avait accordé que des droits imparfaits ou des explications vagues ou mal assurées de ces mêmes droits. Dans cet état de fluctuation et d'instabilité, ils étaient sans cesse obligés de composer avec des corps soit d'une magistrature judiciaire, incohérens pour gouverner un Empire, soit avec des réunions fiscales d'administrateurs des provinces, se mettant au-dessus des commissaires envoyés de votre part pour en redresser les abus, soit avec des individus que ces mêmes Princes

croyaient ou qu'on leur faisait croire les sou-
tiens de leur grandeur ou de cet ordre moral
de gouvernement.

(1) Ce principe profond montre que chacun,
en conservant sa propriété utile , conservait
invariablement ce qu'il avait usurpé , et le Monarque était le seul qui n'avait pas constam-
ment ce qu'il devait avoir.

D'après cela, on pourrait dire à tous les Français : Pouvez-vous imaginer, pour inquiéter
plus ou moins indirectement votre pensée, ou
la prêter aux caprices des mal intentionnés,
même des zélés de cette constitution outre
mesure , que sur ces anciens corps, qu'on
peut maintenant comparer à des colonnes mor-
celées, séparé des bases d'un édifice aussi préjudiciable pour un trône assuré , votre Roi cher-
cherait à réédifier sur ces colonnes mutilées,

---

(1) Mes principes très-prématurés pour l'époque du
mois de février 1791, portant extrait d'un ouvrage
du 15 mars 1789, ne se rapprochaient-ils pas infiniment de la Charte donnée dans la bienfaisance de
notre bon et grand roi Louis-le-Désiré ?

et à déranger les moyens invariables d'une autorité réelle que lui prépare un ordre inséparable des vrais principes d'une constitution permanente ?

De cette manière, j'ose croire que le projet que je présente à Votre Majesté, comme un de ses plus fidèles sujets, peut être considéré comme le symbole d'une véritable religion ; elle aura cet heureux avantage d'être morale et politique. La moralité de certaines religions qui ne tiennent point essentiellement à l'Etat, ou n'en sont point dépendantes, est souvent détachée de la politique nécessaire à la conduite ou à la conservation d'un Empire régénéré.

Dans celle-ci, le grand principe consiste à ne pas faire à autrui ce que nous ne voudrions pas qui nous fût fait ; à faire aux autres, sous l'obéissance aux lois, ce que nous désirerions qui fût fait pour nous. En unissant le culte suprême aux lois fondamentales de l'Etat, elle apprendra au Peuple français à faire de ses Rois de vraies idoles de leurs ministres ; en même temps ceux de la Nation, législateurs et prêtres sacrificateurs, des anges tutélaires, lui enseignant tour à tour ce qu'il doit à son Dieu, à son Roi, à la loi, et à tous les hommes qui habitent avec lui toutes les parties de ce vaste univers, soit dans leur relation positive avec lui, soit dans leur relation sociale ou commerciale.

Cette régénération n'a d'autre but, non d'inventer la liberté, mais de recouvrer celle qui, de tout temps, appartient à tous les hommes qui habitent avec lui toutes les parties de ce vaste univers, pour toutes les circonstances ou les positions géographiques qu'ils occupent sur la surface du globe. Les régénérateurs n'avaient pas d'autres principes à poser.

Il était difficile de rappeler à ces principes antiques du vrai droit des humains, un peuple sans cesse écarté par des rites et des formes symboliques, seul guide de presque tous les peuples connus de nous jusqu'ici par l'Histoire. Voilà pourquoi ils se sont tous fait la guerre. Deux autels s'y sont sans cesse établis; l'imperfection de la morale laissa le besoin d'effrayer les humains, et leurs passions injustes autant qu'ignorantes pour suppléer à ce besoin, ont dévasté la terre.

Les Romains ont le plus égaré les esprits. Romulus avait, dans la forme de son sénat, introduit une double erreur de gouvernement; l'une en dérangeant l'hérédité des familles dans les places de leurs pères ; l'autre en fixant le pouvoir exécutif, le rendant abusif et sans balance.

Avec des bases irrégulières, le gouvernement de Rome a été imité par plus d'une Nation, séduite par l'enthousiasme outré, et souvent par l'héroïsme d'un peuple et des vertus particulières chez une Nation qui, peut-être, eût été la plus juste et la plus méthodique de la terre si les principes fondamentaux de son gouvernement eussent été mieux établis.

On peut comparer celui des Romains à un beau château, à un beau palais dont on a voulu conserver la face primitive ou le corps-de-logis central, en y ajoutant, par intervalles, quelque nouveau corps de superbe structure , qui à la fin produisit une belle masse et de beaux effets , réunissant , dans son ensemble et dans la réflexion sur l'examen des détails, des con-

trariétés au bon goût et à l'arrangement uni-
forme des parties.

N'imitons ni les Grecs ni les Romains. Les
historiens de ces derniers ont gâté nos législateurs par leur rapport gigantesque , qui
était l'ame d'une Nation conquérante. La nôtre
est devenue, d'après eux , cupide , dévasta-
trice et factieuse.

Notre Nation , et bien d'autres , en voulant
les suivre pour quelques objets, s'en écarter
pour d'autres , est devenue incohérente par l'influence des passions de nos chefs , celle de chacun de nos ministres qui ont voulu jusqu'ici
surpasser leur prédécesseur pour leur propre
gloire , ou s'en dévier à l'appât de quelques
petites opérations fiscales, même quelquefois
par leur propre intérêt , ou par l'embarras que
leur avaient préparé leurs mêmes prédécesseurs ,
tous ont été entraînés par les petits systêmes
de nos compagnies judiciaires, qui usant de
leur côté de petits moyens pour se placer ,
comme le sénat de Rome , entre les Rois vos
prédécesseurs et la Nation , l'ont toujours
trompée par l'appât d'un amendement plau-
sible.

5.

N'imitons pas, dans notre législation, plus les Grecs que les Romains, les Grecs à suivre même. Leurs auteurs étaient des fous réunis dans les villes ; donc les idées exaltées ont produit dans la morale, et plus encore dans les arts, de très-beaux monumens, ce qu'on appelle dans l'un et dans l'autre des chefs-d'œuvre.

Mais la conduite des Grecs ne convient pas aux Français ; ils habitaient les villes, nous devons habiter les campagnes, ou plutôt les campagnes ne doivent être qu'une seule ville par les petites habitations qui seront insensiblement placées d'une manière variée et multipliée, les unes peu éloignées des autres, mais toutes séparées par des objets peu étendus, suffisant de culture et d'utilité. C'est ce que produira la vente des biens du clergé (1), dont la conservation en masse établissait, en quelque sorte,

----

(1) On peut remarquer la prévoyance de l'auteur à l'époque du mois de février 1790 ; il n'était pas question de la vente des biens du clergé lorsqu'il fonda ce calcul, qu'il a tiré de son premier ouvrage du 15 mars 1789.

des espèces de déserts entre toutes ces habitations, réduites à être rassemblées seulement en
la manière de nos misérables villages (1), com-
posés d'habitans trop insuffisans en propriétés
individuelles pour vivre libres et indépendans
de toute impression particulière.

Sire, je n'ai point encore fait de serment,
je ne suis point fonctionnaire public (2), ni
inscrit sur aucune liste, et j'ai goûté dans ce
traité les avantages de ma liberté. C'est mal à
propos qu'on a mis dans des actes, dans des
discours, cette expression : *la liberté conquise*
il fallait dire, *reconquise* ; elle appartient à

---

(1) Les duchés-pairies, lettres de marquisats, com-
tés, baronnies, fondés sur une certaine réunion ter-
ritoriale, produisaient à peu près le même effet. On
n'osait en rien démembrer ; les successeurs de ceux
pour qui elles avaient été établies n'étant plus en
état d'en soutenir l'éclat et la jouissance, se trouvaient
dans le plus grand embarras. La suppression de ces
corporations territoriales est un des plus intéressans
objets de la sagesse politique de ce siècle éclairé.

(2) Je n'ai pas voulu jusqu'ici devenir fonctionnaire
public, j'ai attendu que mes traités de législation fussent
confectionnés et eussent reçu leur exécution.

toùs les hommes, et cette législature n'a fait que l'expliquer.

J'ai adressé depuis quelque temps des Mémoires (dont j'ai déposé le double chez un homme public) à quelques membres de quelques comités, et notamment du comité appelé féodal de l'Assemblée-Constituante , que je regarde comme le comité central, puisqu'il est celui de la propriété, qui a rapport à presque toutes celles qui , chez les peuples policés, sont la base de toute législation, comme la bonne foi dans les traités est le pivot sur lequel se meut toute la machine de cet Empire.

J'ai démontré que les entraves féodales en matière non utile étaient les entraves de la propriété, à la quelle ils avoient rapport; que les qualifications imaginaires n'avaieni rien de commun avec le titre utile de la propriété, résultat seul de la bonne foi du contrat et de la connaissance légitime qn'un peuple qui se régénère ne doit point oublier.

J'ai expliqué d'une manière claire et précise mes sentimens à toute l'Europe, que, dans ce siècle éclairé, les grands Rois ne seront plus ceux qui dépeuplent la terre, ou ceux qui se rendent dépendans des asservisse-mens diplomatiques fondés sur les principes des inutiles garanties ou des systêmes géogra-phiques de réunion incohérente de pays éloi-gnés du domaine principal.

Sire, j'ai vu dans quelqu'effort de l'ignorance et du mensonge le commencement de votre bonheur, l'instruction d'une princesse si digne de régner avec vous et de partager votre gloire, comme dans les familles bien unies nos bons aïeux, appelés dans l'ancienne loi *patriarches*, la partageaient avec l'épouse qui leur donnait des successeurs.

Les yeux fixés sur un livre intitulé : *Théâtre du Monde* (ouvrage de Richer, dédié à la Reine), histoire postérieure à celle des pa-triarches, et dédié à l'auguste Souveraine qui a partagé les triomphes sensibles de votre cœur généreux, et puis après vos ennuis dans les premiers événemens fâcheux de cette révolution, j'ai pensé que votre race n'éprou-verait pas les événemens dont les monarques ambitieux, ivres de leur propre gloire, ou les

princes mal instruits des droits des gouvernemens ont été les victimes.

Ces gouvernemens étaient fondés sur des
bases mal assurées, et ne connaissaient pas
les bornes salutaires qui font le bonheur des
gouvernans et des administrés.

Je dirai à cette illustre princesse (1), qui
écrit des lettres charmantes, à cette Sémira-
mis du Nord, qu'il est temps que son illustre
courage donne dans un autre sens une leçon
morale à l'Europe, en s'assurant un repos du-
rable et une gloire immortelle ; elle en **a déjà**
donné, dans sa législation de Russie, quelques-
unes qui peut-être ont servi à avancer les idées
des savans, et fixer les premières idées régé-
ratrices.

Est-il un empire plus grand pour un Roi

---

(1) Cette citation prouve le temps de cette composition et toutes les précautions que l'auteur de cet
écrit cherchait à prendre pour écarter, pendant le
travail de cette régénération de son pays, toute in-
tervention des princes étrangers, avant la confection
de ce plan restaurateur. Ces lettres avaient alors rapport
au prince de Ligne.

que d'être libre de soi-même ? L'est-il quand
un moment de cessation de santé peut compromettre toute la tranquillité de sa vie , qu'une
faiblesse de l'esprit ou du cœur, une surprise
d'amour, d'affection , de prévenance particulière d'amitié, de sensibilité, d'amour-propre ,
où un conseil intéressé peut entraîner d'une
rive à l'autre de son empire, des armées qui
en égorgent d'autres , attirant par contre-coup
le fer, le feu , les passions humaines au milieu de sa famille, la remplissant de trouble ,
de tristesse et de honte (1).

Quand l'uniformité de la conduite d'un empire a des bases invariables, assurées par le
bon droit établi dans l'intérieur ; que le règne
du monarque qui succède ne peut être autre
que celui de son prédécesseur ; que ses dé-
penses, ses bienfaits, ne peuvent être entraînés , égarés, à raison d'un moyen aussi inal-
térable , aucun effort ne peut être tenté pour

---

(1) Je ne savais alors faire une prédiction si précise, et pour le souverain légitime et pour l'usurpa-
teur du trône de sa famille.

en déranger l'ordre, pour détruire le bonheur du prince et la paix de sa famille.

Nul intérêt ne peut attenter à sa satisfaction. Tous les hommes libres de l'empire, tous les pères de famille, sur la liberté desquels repose le bon esprit public, sont intéressés à la défense et à la conservation de leur prince.

Nulle puissance étrangère ne peut être intéressée, dans cet ordre invariable de gouvernement, à troubler la tranquillité du prince et celle de sa famille. C'est alors qu'on pourra dire, avec vérité, que cette régénération est une paix générale, une transaction utile à toutes les parties.

L'affection particulière qu'a méritée Votre Majesté, doit lui livrer tous les cœurs. Ce serait à tort que cette régénération dans toute la face du globe, en calomniant son esprit, pourrait en accuser les principes.

J'ai calculé, Sire, que vous seriez heureux, et que dans les lois régénératrices reposait le bonheur de l'empire. Voilà ma profession de foi : si elle trompe mes espérances, je jure encore de mourir pour mon pays ; mais seulement en rapport avec votre illustre personne.

Dans la funeste conjoncture, que je sois réduit à mourir loin de Votre Majesté, content d'offrir à l'Être suprême ces derniers momens destinés à mon Roi, je bénirais celui où, cessant d'exister, je cesserais de voir dans l'avenir les maux réservés à ma malheureuse patrie.

CHAPITRE VII.

Sur les disconvenances des lois appartenant aux différentes nations de l'Europe.

Mon intention a toujours été la conservation de la monarchie ; mais d'établir la liberté politique de cette même monarchie par le gouvernement. D'abord on le voit dans mon ouvrage intitulé : *Premier plan qui a donné lieu à la régénération de la France*, en date du 15 mars 1789, qui repose aux archives nationales demeurées près du corps législatif, et par mon adresse au Roi, par l'entremise du président de l'assemblée nationale, citée à la page 39 de ce Mémoire, et à la Bibliothèque publique et royale, rue de Richelieu ; on trouve à celle-ci la série des pièces qui y ont rapport. Un commentaire en manuscrit l'explique en quelque sorte ; mais il a besoin de ce supplément.

Mon plan ayant été suivi, même par le sénatus-consulte de la république française, n'a rien de la démocratie de Rome et d'Athènes. Elle est mélangée d'un gouvernement paternel qui n'appartient ni au gouvernement des Russes, ni à celui des Anglais, ni à celui des Espagnols ou des Prussiens. Son établissement est en opposition directe avec la situation de l'ancienne république de Pologne, où le principe odieux la rendait la plus imparfaite des gouvernemens de ce genre. La république française (1) était encore plus susceptible de

____

(1) Même dans son incohérence aux mœurs nationales.

voir mêler à son autorité un pouvoir monarchique, que se trouvait être celle de Pologne,
où la plus grande masse de ses habitans n'était
rien, pendant qu'un détachement partiel qui
y dominait semblait n'exister que pour en dis-
soudre tous les devoirs.

La forme du gouvernement français n'a rien
de l'aristocratie germanique, qui offre néanmoins à la morale comme à la politique, pour
ce qui concerne l'Allemagne, son plus beau
chef-d'œuvre ; mais qui ne convient nullement
à l'empire français, dont la liberté est pure
et égale partout. Le citoyen qui se met à l'abri
du soupçon, jouit de la plus parfaite tranquillité ; le devoir y est précis ; les agitations de
la vaine gloire, qui troublaient jadis la France
et si souvent la société, ne peuvent trouver
matière, par ce nouvel ordre, à son entretien.
Si l'émulation la plus raisonnable n'est pas
toujours satisfaite, elle trouve sa consolation
dans la concurrence des hommes qui se sont
distingués par le mérite des services recommandables à la patrie, dans un genre où il
n'aurait pas convenu à tout le monde de les
rendre tels : ce qui ne peut offenser l'amour-

propre de celui qui se trouve écarté de cette manière dans ses vues, ou qui perd l'espérance d'y prétendre.

Le nom de république que se donnèrent tous les gouvernemens las de leurs anciennes formes, s'est transmis dans la postérité la plus reculée, comme un titre odieux, par les soins qu'ont pris, de le présenter comme tel, quelques princes voisins, dont l'administration sage et modérée réunissait tous les avantages du gouvernement paternel.

La démocratie fut très-rare ou ne produisit que de mauvais effets, si nous en croyons l'histoire : dans les premières antiquités, l'idée d'un gouvernement populaire prit naissance chez les Grecs. On les regarde comme les premiers républicains, parce qu'ils furent les seuls chez lesquels d'autres nations prirent l'enthousiasme de la liberté. La même époque qui vit naître la république, vit aussi naître les tyrans, petits princes qui n'étaient ni assez riches, ni assez puissans pour prendre le titre de Rois ni d'Empereurs ; mais qui n'ayant qu'une ville ou deux sous leur domination, prirent leur nom de tyran de leur fonction principale, de tirer des citoyens, comme nos percepteurs, les taxes nécessaires à la dépense commune et à la défense de leur petit territoire.

Le nom de tyran n'était pas dans le principe un titre de déshonneur, puisque, dans l'art héraldique, les princes étaient décorés d'une couronne de tyran. Il ne devint probablement odieux, comme celui de république, qu'à l'instigation des monarques plus puissans, ennemis de la liberté absolue de leurs voisins, soit dans la crainte que leurs propres sujets, entraînés par l'exemple des villes libres, ne voulussent aussi se rendre indépendans.

Les cités où le peuple fut plus énergique, se roidirent contre les voisins, d'autres se défirent de petits princes assez maladroits pour s'être attiré leur haine, soit en offensant quelques citoyens accrédités, soit par des attentats contre les mœurs publiques.

Les Romains ne secouèrent le joug de la royauté que lorsque les Tarquins eurent blessé l'honneur d'un sexe respecté et chéri chez les nations les mieux policées.

En Hollande, où le gouvernement républicain s'est bien perfectionné, les traitemens injurieux qu'éprouvèrent les Hollandais de la part du duc d'Albe, les soulevèrent contre la domination espagnole.

En Suisse, Guillaume Tell, à le bien prendre, pouvait être considéré moins comme un révolté, que comme un vindicatif audacieux. La patience avec laquelle il supporta l'injure qu'on lui faisait, prouve que l'esprit de discipline était inné et national chez les Suisses.

En Angleterre, un homme sombre, chargé d'une iniquité personnelle impardonnable, a conduit sa nation à l'empire de la mer, laissant à la postérité sa mémoire et son grand caractère, sous les autres rapports, à ses compatriotes.

Il n'en est pas ainsi de la liberté en France. L'action qui y a conduit ce bel empire a été lente et réfléchie. Des réactions succédant sans cesse aux actes de vigueur, ont prouvé à l'Univers le penchant des Français à la modération. La marche mesurée de la législation, revenant sans cesse sur elle, témoignait les efforts que la France avait à faire pour prendre une consistance en sens contraire à ses antiques habitudes. Un gouvernement fatigué, un pouvoir véritablement outragé, faisaient avancer d'un pas dans la répression, des entreprises formées contre lui, et l'on rétrogradait en raison des moyens mis en usage pour éloigner la sédition prête à éclater. La séparation du corps de l'Etat alimente un nouvel effort, le peuple s'anime, triomphe de ses ennemis et les méprise. Le jeu des passions irrégulières entraîne ce peuple à toutes sortes d'excès ; le sang des citoyens coule avec celui des guerriers, et l'on voit se développer, avec une rapidité effrayante, l'idée monstrueuse de tout confondre sans raisonner, de tout immoler, de tout détruire. Des victimes sont conduites à l'échafaud ; la vindicative ardeur du peuple se ralentit et se réveille aussitôt qu'il croit avoir de nouvelles injures à venger : les temples sont déserts ; il profane les autels du seul Dieu qu'il idolâtre et qu'il outrage à la fois. Cette Divinité demandant des sacrifices, la nation est livrée à des tigres plus furieux encore, qui, se ruant sur un peuple tantôt bourreau, tantôt victime, sont immolés eux-mêmes sur les tom beaux de tant de milliers d'hommes dont on pleurait la mort.

Je ne suivrai pas ces détails trop pénibles pour un Français , mon pinceau se refuse à tracer l'horrible image d'une populace effrénée ; je n'essaierai pas non plus de suivre une nation fatiguée à l'excès , conduite par une longue et pénible carrière , et dont l'expérience de ses erreurs a dû la faire arriver à l'état de désirer le calme d'un gouvernement paternel et monarchique , avec la cessation de toutes les guerres, et l'anéantissement du luxe et de la dépense militaire , à laquelle la nation française a mis autant de gloire comme à faire des conquêtes inutiles.

CHAPITRE VIII.

Du désavantage pour la France de l'état de la république et de la tyrannie, c'est-à-dire, du changement de la dynastie.

L'ÉTAT de la république, puis de la tyrannie, a conduit la France à celui de la chûte politique. Dans cette hypothèse de l'un et l'autre état, il était nécessaire de tenir sans cesse une nation dans un continuel mouvement militaire, et régulariser ce genre de folie pour lui voiler sa dégradation.

Je regarde la tyrannie ainsi que la guerre qui en est l'impérieuse conséquence, comme moins désastreuse par la perte des hommes qui périssent sur le champ de bataille, que comme donnant lieu à l'introduction dans la société d'immenses pensionnaires militaires, qui dépravent ses mœurs, lui ôtent sa simplicité et la bonté naturelle de son caractère.

6.

Ce nombre offre une immense mutilation qui absorbe ses charges publiques, sans soulagement proportionel à l'humanité souffrante. Ceux promptement rétablis de leurs blessures lui présentent un caractère d'autant plus choquant pour le propriétaire paisible et le cultivateur occupé, que le plus grand nombre des militaires en retraite offrent à sa vue la nécessité de contribuer à l'entretien d'hommes en solde réglée, jouissant de la meilleure santé, ne portant aucune image de souffrance des blessures qui ont été le prétexte de cette même retraite, tant ils ont été promptement guéris.

Cet état de choses fait penser qu'il ne fallait accorder qu'un provisoire en retraite pendant trois ans, et d'après trois comparutions du militaire postulant pardevant le préfet du département, lorsqu'il fait sa tournée et sa station en chaque canton, pour y assembler la nouvelle conscription.

Si ces militaires avaient été tenus de comparaître à ladite assemblée où leurs maires accompagnent les conscrits ainsi que les parens, pour être renvoyés si leurs blessures se trouvaient guéries, il y en a peu qui auraient eu l'impudeur de s'en prévaloir; grand nombre d'eux ayant de l'amour-propre, se seraient empressés de prévenir l'injonction du préfet, provoquée par l'assemblée, de retourner à leur corps respectif. Il est reconnu que la plus grande partie des militaires, et notamment des officiers, sont parvenus à l'état de leur retraite pour avoir appitoyé sur leur sort dans l'hospice où ils se sont retirés, ou dans leur patrie où ils sont arrivés en congé de convalescence. Ils ont triomphé des officiers de santé, moins par corruption que par les sollicitations des femmes qui leur étaient les plus étrangères, qui, flattées de leur recours, ont employé tous les moyens de séduction pour y parvenir. Il a fallu de suite fournir de nouveaux sujets pour les remplacer dans leurs cadres, ce qui a jeté de nouveaux individus dans la partie militaire et renvoyé dans les provinces des hommes gâtés par cette vie vague ou paresseuse de l'homme de troupe, quelque peu de temps qu'il soit demeuré dans cet honorable état.

Cet abus des sollicitations pour faire donner des retraites aux militaires en parfaite santé ou

guéris de leurs blessures, a été tel qu'il a été
fait de fréquentes recommandations de la part
du gouvernement aux procureurs généraux des
cours souveraines et des tribunaux de première
instance pour faire des enquêtes à l'égard de
ceux qui se rendaient coupables de ces sortes
de complaisances ; mais ces recommandations
ont été sans effet, toutes les parties du gouvernement étant sous le couteau de la tyrannie,
il autorisait d'un côté dans la personne de
ses protégés, ces sortes de sollicitations, pendant qu'il les défendait de l'autre.

Il est de fait reconnu que dans un certain
nombre de militaires qui ont obtenu leur retraite
par rapport à leurs blessures, l'année ne s'était
pas passée qu'ils étaient en état de reprendre
la série de leur ancien service, offrant l'image
de la santé la plus fleurie et l'âge de trente,
trente-cinq, quarante et quarante-cinq ans, à
cette époque. Ceux-ci sont en grand contraste
avec les braves et patiens militaires, soldats et
officiers, demeurés encore sous les armes, qui
sont parvenus à l'avancement plus encourageant
de chefs de bataillon, de colonels de toutes
armes, de chefs de brigade, de chefs de divi-

sion, de maréchaux de France ; ces derniers
ont couvert de leur sang ou rempli de leur
gloire presque toutes les contrées de l'Europe,
et une petite partie de celles de l'Afrique.

CHAPITRE IX.

*De la guerre considérée comme préjudiciable
aux familles nées à la campagne ; les générations sont perdues pour les espèces de travaux qui donnent la vie et la subsistance à
la société.*

LES soldes de retraite accordées à des sujets
liés à des états qui tiennent aux travaux de
la campagne, sont toujours funestes au cultivateur qui cumule un bien de campagne à cette
petite retraite ; celle-ci le dissipe notamment
lorsqu'il est obligé d'aller à la ville prochaine

en rechercher les arriérés ; il se dérange pendant ses courses fréquentes , et néglige sa propriété ; c'est ce qui fait que souvent ceux qui
les ont obtenues dans l'état de soldat ou dans les
grades subalternes , ne sont propres , dans ces
mêmes campagnes qu'à tenir des petits caba-
rets où ils y continuent leur goût pour la débauche , ou une petite boutique de marchand
sédentaire , ou de colporteur , dans laquelle ils
se ruinent pour la plupart.

Il en arrive ainsi de presque tous les soldats sortant de l'hôtel des Invalides ou du corps
des vétérans , lorsqu'ils sont allés s'établir dans
les provinces avec leur famille ; ils leur font
prendre une sorte de mise, mixte entre l'ouvrier
bien occupé et le bourgeois qui vit de ses rentes ; ils lui font porter des ornemens superflus ,
tellement décolorés pour n'être pas renouvelés,
qu'ils offrent l'image de la plus hideuse et de la
plus délirante vanité mal entendue.

Dans ce moment encore , la plupart se refusent pour leurs enfans , aux soins des magistrats
municipaux, les prévenant pour leur donner
de l'occupation ; ils refusent pour leurs enfans l'instruction des professeurs des écoles

primaires et celle pastorale. Ces familles se re-
gardent dans l'état de leur solde de retraite comme des êtres privilégiés sous le double rapport de
l'ignorance et du fol orgueil. Les principes dé-
sorganisateurs ont imprimé, à plusieurs d'entre
eux ce sentiment de préférence pour les agita-
teurs de leur patrie. Voilà encore un des effets de
la tyrannie ; celle-ci a ménagé jusqu'ici cette
classe détestable par une tolérance coupable et
des encouragemens clandestins qui ont été
bientôt dissipés par la débauche.

La multiplicité du grade d'officier provenant
en outre de la classe des cultivateurs et de celle
des artisans des villes, a fait sortir de leur état
et a mis en mouvement tous leurs parens pour
se jeter comme eux dans tous les grades où il
y a de l'avancement militaire ; elle les a portés
à prétendre et passer dans tous emplois de
l'administration où il y a honneur, profit et
dévastation, aux dépends de la classe modeste,
repoussée par leur audace et leur nombre. Voilà
ce que produit la guerre et l'influence de la
tyrannie (1), qui ne veut commander qu'à des

____

(1) On voit par le chapitre précédent, que je prends

esclaves et ne marcher que de conquête en conquête, pour entretenir un tyran dispensateur capricieux des richesses du monde.

C'est pour revenir contre cet état des choses et les reporter à leur perfection, que je vais reproduire ici une note du cardinal de Richelieu, que m'a communiquée le maréchal de France de ce nom, à son château de Fronsac près de Libourne, où je me trouvais avec ma compagnie de dragons, au moment de la mort de Louis XV.

Cette note portait, « qu'on ne pourrait ja-

---

le mot de tyran sous l'acception de l'antique droit des gens, qui ne regardait pas son titre précaire comme tout-à-fait odieux. Ces sortes de fonctions étaient déléguées, dans les crises violentes de l'éloignement de la dynastie régnante, à des citoyens importans, éclairés ou grands guerriers, lorsqu'une dynastie avait été forcée de s'éloigner de son empire. Ce citoyen pouvait être regardé sous une face estimable tant que la dynastie véritable ne pouvait reprendre sa place. Les descendans du prince régnant éloignés, reparaissaient-ils, le sujet qui ne leur remettait pas le sceptre de sa famille était un sujet rebelle, qu'une mort violente ou ordonnée par les lois, attendait comme un coupable.

» mais rétablir l'ordre en France , sans l'annula-
» tion du titre et état de noblesse , fallût-il dix
» ans après en créer un nouveau , appuyé sur
» un différent principe. »

Il ajoutait « que les prérogatives , appointe-
» mens et agrémens des grandes charges qu'il
» avait conseillé de créer , soit au présent , soit
» à l'avenir, avaient eu pour seul but ce dévelop-
» pement important , avec celui d'attirer à
» la cour les enfans des seigneurs bannerets ,
» héros des guerres civiles , qui étaient encore
» demeurés dans leurs terres et châteaux par
» un reste de chevalerie héroïque. »

Il alléguait « que la noblesse chez l'étranger
» conserve le caractère de se concentrer
» dans l'occupation des charges magistrales
» ou administratives, faites pour un homme
» vraiment moral , au lieu qu'en France ,
» dans la noblesse dissipée, courant çà et là
» à la manière des héros de la fable , c'est à
» qui évitera les charges , les occupations
» magistrales pour lesquelles l'homme , qui
» semble être le plus au-dessus des autres ,
» devrait avoir une préférence d'inclination. »

Il eût été bien plus étonné dans des temps pos-

térieurs à son glorieux ministère , dont les premiers âges furent distingués par des actions
guerrières de la part des héros échappés de son
temps , et sur-tout dans les vingt ou trente années qui ont précédé cette révolution dans nos
mœurs , à l'époque de 1789, de ne trouver dans
cette même noblesse que très-peu de titulaires
de places actives , même dans le militaire ; tant
de généraux n'appartenant à aucune division ,
tant de colonels et de capitaines à la suite , tant
d'officiers subalternes n'appartenant à aucun
corps, tant de ducs sans exercice de duché ,
tant de princes du Saint-Empire , sans pouvoir
entrer dans aucune diète.

Ce grand cardinal aurait aujourd'hui la satisfaction de voir toutes les classes de la société aussi instruites et aussi appliquées , que
l'étaient peu ses contemporains descendus des
races héroïques. Il y en a plus d'un maintenant qui se distingue dans la classe judiciaire ,
et notamment dans celle administrative , à la
tête des préfectures et sous-préfectures de départemens.